大学生社会实践手册

——走进乡土乡村50问

Daxuesheng Shehui Shijian Shouce

陈源泉 著

中国农业大学出版社
·北京·

图书在版编目(CIP)数据

大学生社会实践手册：走进乡土乡村50问 / 陈源泉著. —北京：中国农业大学出版社，2017.12

ISBN 978-7-5655-1944-4

Ⅰ.①大… Ⅱ.①陈… Ⅲ.①大学生-社会实践-手册 Ⅳ.①G642.45-62

中国版本图书馆CIP数据核字(2017)第278333号

书　　名　大学生社会实践手册——走进乡土乡村50问

作　　者　陈源泉　著

策划编辑　汪春林　童　云　　**责任编辑**　田树君

封面设计　郑　川

出版发行　中国农业大学出版社

社　　址　北京市海淀区圆明园西路2号　**邮政编码**　100193

电　　话　发行部 010-62818525，8625　读者服务部 010-62732336

编辑部 010-62732617，2618　出　版　部 010-62733440

网　　址　http://www.caupress.cn　**E-mail** cbsszs@cau.edu.cn

经　　销　新华书店

印　　刷　涿州市星河印刷有限公司

版　　次　2018年1月第1版　2018年1月第1次印刷

规　　格　787×1 092　32开本　5.25印张　110千字

定　　价　26.00元

前　言

很久以来，内心一直有一种挡不住的欲望，尤其是每到放假的时候，总想去农村走走看看。每当看到大学生组织小队参加社会实践的时候，总会想起我20年前、10年前在乡村调研、实践的日子，那是一段永难忘却的日子。当自己沉下心来到村里重新做回农民的时候（我从小也是出生在农村，也是农民的儿子，一直生活在农村，直到1997年考入中国农业大学，离开农村的时间比较久了），内心是非常平静的，总觉得这样的日子才能找到真正的自己。

所以，写这个东西，一方面是为了怀念自己过去在农村生活的日子；还有重要的一方面，就是想告诉同学们如何走进乡土乡村。2006年，当我从学生转变成为一名老师之后，每年总有学生联系咨询我如何做好社会实践，每年说的总是觉得不够，写这本书就是想尽量多地和他们分享我的一些认识和感受。希望同学们借《大学生社会实践手册》，在走进农村之前少一点迷茫、少一点盲目、少一点害怕，多一点信心、多一点收获！

因此，我决定利用中国农业大学农学院2017年组织的“全国农科学子联合社会实践”活动，带着同学们一起到山西省灵丘县下关乡上关村体验农村生活。与同学们同吃同住，通过回忆、分享、实践，系统地梳理如何更好地走进乡土乡村。文字部分主要是我个人的“分享”，图片部分主要是记录我们（中国农业大学农学院赴灵丘县下关乡上关村社会实践小分队）这次的实践经历。

感谢小分队各位研究生在上关村实践期间的配合与帮助，感谢中国农业大学农学院党委为本书出版提供的经费支持；特别感谢曲瑛德书记对本书的完善所提供的大量指导与帮助；感谢小队队员赵影星和石倩倩校对初稿文字以及精心帮我挑选实践图片；特别感谢崔吉晓同学协助我配合出版社做好各项工作；感谢中国农业大学出版社对本书出版给予大量的指导与帮助。

陈源泉

2017 年 9 月 8 日

2017年7月16日早上7点，队员们在中国农业大学西校区西北门集合，准备统一乘车出发到山西省灵丘县，路程大约250公里。

屋里太热，找个阴凉的墙角记录收获与感想，这本材料多数都是这样写出来的。

全国农科学子联合实践行动

中国农业大学农学院

2017年赴山西省灵丘县上关村

社会实践小分队队员名单

赵天晨　（2016级硕士生）
李栢锦　（2015级博士生）
崔吉晓　（2016级博士生）
赵影星　（2017级博士生）
贾　浩　（2015级博士生）
王希全　（2017级博士生）
卢　捷　（2016级硕士生）
张　越　（2016级硕士生）
王小慧　（2016级硕士生）
陈　茗　（2016级硕士生）
罗晓莎　（2016级硕士生）
祁香雪　（2016级硕士生）
白　冰　（2016级硕士生）
石倩倩　（2016级硕士生）
陈源泉　（农学院副教授）

目　录

一、实践初认识 / 1

1. 社会实践主要有哪些形式？/ 3
2. 为什么大学生要社会实践？/ 5
3. 实践能力是个什么鬼？/ 7
4. 为什么说“深度思考”能力最最重要？/ 9
5. 如何把一种可能变成 N 种可能？/ 14
6. 当老师了还有必要亲自下去社会实践吗？/ 18
7. 老师参加社会实践是一种“休息”？这不误人子弟吗？/ 21
8. 老师带队主要能干啥？/ 24

二、实践前准备 / 27

9. 社会实践的主要流程有哪些？/ 29

10.如何制定计划？/ 31
11.如何选择队员与分工？/ 33
12.队员如何处理与队长的关系？/ 36
13.如何联系实践地？/ 39
14.与实践地联系上之后要说些啥？/ 41
15.出门要注意什么？/ 44
16.如何准备前期资料？/ 46
17.出门要带什么啊？/ 49

三、实践生活事 / 51

18.我们去住哪里？/ 53
19.吃饭怎么解决？/ 55
20.饭菜实在吃不习惯怎么办？/ 57
21.吃饭需要注意什么？/ 60
22.不能洗澡怎么办？/ 63
23.上厕所怎么办？/ 66
24.睡觉要注意什么？/ 69
25.停水停电怎么办？/ 71

四、调研小技巧 / 73

26.到村后第一件事做什么？/ 75
27.如何了解一个村庄的总体概况？/ 77
28.如何选择调研对象？/ 82
29.如何与地方政府部门座谈？/ 84
30.如何进得了老乡家门？/ 87
31.能够到处随便拍照吗？/ 92
32.在什么地方与老乡聊合适？/ 94
33.与人沟通要保持什么姿态？/ 98
34.老乡说什么，傻傻地听不懂咋办啊？/ 101

五、实践重要事 / 105

35.如何做好问卷调查？/ 107
36.如何做好访谈记录？/ 110
37.记录的材料能干啥？/ 112
38.如何做好支教？/ 116
39.长夜漫漫，如何度过？/ 121

40. 为什么每天要开例会？/ 124
41. 如何及时报道宣传？/ 127
42. 我怎么感觉帮不上忙？/ 131
43. “路见不平”怎么办？/ 135
44. 实践结束后还需要做什么？/ 137

六、实践后总结 / 139

45. 如何整理出技术帮助方案？/ 141
46. 为什么大学生毕业后都回不去农村？/ 143
47. 如何写好实践总结？/ 145
48. 如何写出有“深度”的专题研究报告？/ 148
49. 我们能否偷偷地去玩一下？/ 150
50. 老师，我们还有其他问题怎么办？/ 155

一、实践初认识

1.社会实践主要有哪些形式?

社会实践,主要就是指学生利用假期进入社会了解实际情况,一般以大学生社会实践为多数、以暑假社会实践居多、以走入农村进行社会实践的居多。社会实践主要方法一般有以下几种形式。

(1)专题研究:主要指学校、学院组织的专题性实践题目。比如我们这次参加的就是全国农学院联盟组织的“走进乡土乡亲、助力精准扶贫”调研。调研就是专门针对贫困村的精准扶贫情况进行的专题性调研;也有因学校老师的一些科研项目需要,通过招募学生走入社会进行专题调研,一般以研究性为主,通过问卷调查、面对面访问等方式,获得相关数据与案例,用于开展相关问题的研究。

(2)生产实习:一般是指利用假期,走入工厂、企业、农村等生产单元参与具体的生产锻炼。这个一般是专业性较强的社会实践,主要是到与自己本专业相关的生产单位实习。到农村地区,一般都是农科大学生到农村了解、参与具体的农事实践，了解目前各地区生产的实际情况、存在的问题、技术需求等。

（3）服务“三农”：这种内容有很多，主要方式包括送文化下乡、送科技下乡、送文艺下乡、农村小学支教、进行政策宣讲等。

具体社会实践的内容可以根据实际情况确定，根据时间长短和能力大小，可以选择一种形式做，也可以选择几种形式一起做，一般综合多种形式做会得到更多的锻炼，但花费的时间也较长。

2.为什么大学生要社会实践?

对于大学生来说,社会实践是一门必修的课程。通过社会实践,一方面是检验自己在学校课堂里面学到的理论知识在社会中是否能够有用,最关键的是如何有用,用的效果如何,如何进一步改进?通过实践中遇到的各种问题,增强自己对学习新知识的渴望。另一方面,通过社会实践,也可以发现一些目前书本上还没有能够解决的问题,可以为加强进一步的研究提供依据。

其实,前文所论述的内容,基本上也都是老师们会传授给学生的内容。但是,前文的内容基本不是我最想阐述的。对我来说,社会实践就是对自己各方面能力全方位的提升,包括以下几个方面。

- 认识社会、认识“三农”;
- 认识自我、发现不足;
- 理论联系实际、锻炼实践能力;
- 先做人,再做人才!

关键是锻炼能力，包括认识、分析问题的能力，与人沟通的能力，吃苦耐劳的能力。与此同时，在与人沟通的过程，也是锻炼“做人”的过程。最最重要的是深度思考的能力！

初到灵丘县城，队长和下关乡副乡长及上关村村主任进行交流，进一步了解当地实际情况，并商量到村后的实践计划。

3.实践能力是个什么鬼?

实践能力可以说是“实战”之前的一种预备能力。我们在学校里面学到的各种理论知识,将来毕业后进入社会,参加工作后,把理论知识应用到工作中去就是一种“实战”。而实践也是检验我们学习的各种理论知识如何应用于实际的一种“尝试”,我们从中可以发现目前对于理论知识和实验技能的掌握程度、熟练程度,并及时修正、补充、完善我们的理论学习,以便将来毕业后能够更好地适应社会。因此,大学生涯里面,实践是一门非常重要的必修课。实践的过程,与老师在讲解的课堂教学过程不同,多数是没有老师参与的,最多只是有个台前幕后指导的老师。因此,整个过程从开始到结束,基本是自己去完成。

在陈源泉老师的资金支持下,党支部全体参与人员积极准备,购买青少年读物,商讨此次实践活动的各项事宜。

4.为什么说“深度思考”能力最最重要?

回答这个问题之前,首先需要解决为什么要“思考”,以及如何“思考”的问题。我们常常说“思考”能力很重要,那思考到底是个什么鬼,想多了会不会精神失常?同学们可能会说,我天天想法很多了,还要思考,而且很多想法都实现不了,思考有啥用?我想说,没有深度的思考,泛泛的思考确实没有用。同学的问题在于“想法太多”(好多实现不了,没用),如何把“想法太多”变成“想法很多”(都是有用的),秘诀在于“深度思考”,其核心在于锻炼我们的思辨能力,形成科学思维,不要人云亦云,死搬教科书。

其要领是:抓住一个问题,使劲把自己问下去,直到把问题理清楚了,把对策想清楚了,把方案做清楚了,把风险搞清楚了,这个问题才能有真正的解决之道。从我们受锻炼的角度来说,社会实践最重要的就是理论联系实际，但是最关键的问题是我们有理论吗？仅仅靠我们专业那点东西，是不够的！要提前看文献懂理论！如产业扶贫，生态扶贫的理论内涵是什么？产业的基本理论是什么？说白了就是我们在各种媒体上看到的有关词汇，反问一下自己，这个词汇是哪个学科的概念，其基本理论内涵是什么？百度一下，知网几篇，这样就可以慢慢形成自己的独立思考，而不会人云亦云，知其然而不知其所以然！

对于农村地区，问题往往是多方面的，而且是极其复杂的。我们需要抓住关键的点，深入思考。比如，关于“精准扶贫”，我们首先要问自己，什么是“贫穷”，理论上是如何界定的？标准是什么？这就需要提前做好功课。由于专业的限制，我们学的专业往往与我们实践的内容没有太多的关系。但是，我们在学校通过专业知识的学习，锻炼了一种重要的能力就是“学习能力”，尤其是大学生，需要培养独立的学习能力，根据需求去主动学习。因此，有了这样的能力，出门社会实践之前，就必须自己主动“补课”。虽然不是我们的专业，但是我们首先可以查阅一些资料，了解一下基本概念与内涵等，甚至是相关专业的教科书都可以提前看，就当作为一门新开的专业课提前预习。其次，了解了“贫穷”，我们还要了解“扶贫”关键的“扶”字内涵，怎么“扶”、谁在“扶”、“扶”的效果怎么样？这就需要通过有关政府文件的学习、各种学术文献的查阅、新闻案例的报道去了解。再次，就是“精准”，为什么要提“精准”，以前是怎么做的，有哪些不足？

在把一个点“深度思考”之后，还可以进一步拓展，把一种可能变成 N 种可能。

2017年7月17日，早上8点多，队员们坐乡村公交车开赴灵丘县下关乡上关村。该村位于县城的南部地区，距离县城50多公里。据了解，目前灵丘县基本都通了乡村公交，每天都有几趟班车从各村庄到县城，极大地方便了村民的出行。

(a)　　　　(b)

(a)上关村的公交候车厅

(b)灵丘县到上关村的路迹图

队员们在车上想尽办法“打发”时间，而不是一路睡过去，浪费大好时光。打发时间的最好办法：

(1)与售票员聊天，了解当地的“风土人情”；

(2)打开手机看地图并随时关注车窗外的自然景观和交通道路；

(3)把自己看到的、听到的，与队员们交流。尽量不要到了目的地，一问怎么到的，中间发生了什么都不知道。其实，路上的“风景”是最重要的，“过程”是最重要的。

5.如何把一种可能变成N种可能?

许多同学做事情,更多的都是“一就是一”的思维,老师让你写作业,你就仅仅完成一个作业;让你去做问卷调查,你就仅仅想着如何把问卷调查任务完成回来;师兄师姐让你帮忙做实验,你就仅仅出出力气……某件事情完成后,除了事情本身之外,其他的还是一无所知。这种情况,哪怕是这件事情做得再好,也会觉得似乎还缺了什么,总是感觉不完美。

因此,在“深度思考”的基础上,我们做一件事情,除了做好事情本身之外,一定还要再思考还有什么地方可以“挖掘”的,做到一件事情可以实现“多种产出目标”。比如,做作业,如果你仅仅是复习完成作业,虽然作业得到好成绩,但获得的也仅仅是纸面上“成绩”的那个数据;如果你能够针对作业本身的问题进行文献查阅,甚至与同学们交流作业的心得,再甚至还可以主动向老师请教(即使你懂)，通过与老师交流加深对问题的理解，那么你得到的就不仅仅是“数字成绩”，还收获了查阅文献的能力、与同学沟通的能力、获得老师的好印象(至少记住你了)，而通过这样的过程，你对该问题的掌握是真正的掌握了。

大家记住一个原则：一件事情当有很多人在做而且你做这件事情的方式都与其他人差不多的时候，如果你没有“创新”，那么你就不会“脱颖而出”。你一定要琢磨如何“与众不同”，在做事方式上是否还有可能突破原有的“套路”，“产出”还有没有可能再增加一些。比如，社会实践，常规的讨论无非就是问卷调查、农户访谈、小学支教等，大多是从我们自身角度考虑的方式。但是，如果你能从农民需求的角度，把社会实践与农民的需求相结合，做到帮助农民获得很好的经济收入，那么效果就会不一样。对于学校、学院来说，支持学生社会实践，多数都是“流于形式”，效果虽有，但社会影响“甚微”，如果能够把社会实践做到人才培养、科学研究、社会服务、文化传承等多种目标的有效结合，那么这样的社会实践一定会出显著的效果。

还有一种情况，学生个人可以采取“角色转换法”，通过不同角度的换位来思考同一件事情，可以在同一事情上有多种收获的。比如，走向入户社会实践，我们往往是从学生的角度去思考问题。但是，如果你换个角度思考，假设我是村里出来的研究生，回去如何建设家乡？假设我是村长，会怎么做？假设我是县长，去该村会怎么做？假设我是企业老总，去该村投资会关注什么？假设我是央视记者，去该村要采访什么？……有这样的悟性，你再去仔细听听村长、乡长、县长对于该村的认识，然后对比分析一下你的思考与他们的思考的“差距”；你也可以查阅一些大企业服务农村发展的新闻案例报道，看看他们是如何做的；你也可以查查新闻媒体对于农村的“精准扶贫”是如何报道的，文案是如何写的，配图是如何配的，这样想的话，你就会收获很多。很多事情不是做不到，就怕你想不到！机会总是留给有准备的人的，其实重要的是：机会总是留给有想法的人。如果你以各种角色的身份都走一遍“深度思考”，我相信你毕业后，对于同一件事情，你的机会就会比别人多得多。

所以，请大家记住，“悟性”+“深度思考”=“各种可能”！

6.当老师了还有必要亲自下去社会实践吗？

目前来说，多数学生的社会实践是没有老师参与的。虽然每年大学生的社会实践，学校或学院层面都要求学生要有“指导老师”，学生们也联系了。但是实际上多数“指导老师”并没有实地带队参与，最多是在学生开展活动前给予一定的指导，或是通过电话、微信等渠道给予“远程指导”。其实，这样的指导效果还是不太明显的。这有一些主观的原因，如老师内心不太愿意，或者学生不太在意或根本就不希望老师参与(有时候报名参加社会实践，其实就是想着申请点学校路费，主要是出去“玩玩”，这种情况有没有？同学们心里最清楚啦!)。当然还有一些客观的原因，比如，经费不足的问题，也有老师科研活动等业务繁忙或者老师本身也是实践经验不足，等等原因。但是，如果要真正达到好的实践效果，老师亲自带队还是很有必要的。一方面，对于老师自己本身也是一种再锻炼，对于同学们，也能得到更好的锻炼，毕竟老师的经验和见识多一些，尤其是待人处世方面，老师还是相对“老练”一些嘛。建议有关学院能够在机制、政策方面更多地鼓励支持老师参与进去，尤其是年轻的教师。

对于老师来说，亲自参与社会实践，对于自己的教学、科研也是有很大帮助的。可以在参与过程中了解更多的实际情况，可以多拍些照片，为课堂教学积累更多的素材；更为关键的好处在于可以发现一些新的问题，为自己的科研方向提供新的方向或亮点，使得自己的研究“更接地气”。

在这里，我想对老师们说，腾出 1 周左右的时间跟学生出去走走，您的收获也会很大，至少是个很好的“休息”！

走了一天的路程，回到住处还是有点累的。拿出保温杯和咖啡粉，用热水冲杯“滴漏咖啡”，坐在校园台阶上，看远山如黛，“偷得浮生半日闲”“无意香浓味道，独享岁月静好”…… 各种“小资”！

7.老师参加社会实践是一种“休息”？这不误人子弟吗？

这里说的“休息”，不是说老师啥也不干，出去就是“放羊”，自己找个舒服的地方待着，如果是这样的话，那真是误人子弟啊！我说的“休息”，是相对于我们老师自己紧张且高压的工作状态。平时各位老师教学、科研任务重，在学校里各种事情往往使得我们疲于奔命，每天回到家就是一个字“累”，两个字“好累”！总想好好睡一觉，但是这种情况往往很难实现，即使真的让你好好睡一大觉，也会发现睡得越多越累。其实，休息不等于睡觉，关键在于切换工作和生活状态，让大脑分区工作、轮流休息。因此，有空的时候不要还想着工作的事情，进行一些与工作无关的事情，比如体育锻炼、陪陪家人、出去走走等都会让大家觉得事后更加有精神了。假期陪着学生出来，也是一种很好的“休息”！不仅环境改变了，工作内容也变了。还有一个好处就是“将在外……”，自由一些了，有理由请假了！

不管怎么说，最关键的还是要发挥老师的特长，在参与实践过程中更好地指导学生，同时也提高自己。

“一人实践”“全家实践”。陈老师的爱人得知

陈老师想给上关村孩子们带些书，不仅仅积极推荐书籍，还自己掏钱（陈老师本来就是这么想）；而陈老师8岁的儿子得知爸爸要去村里，急忙询问爸爸那里热不热。当得知村里“热且无空调”之后，亲手给爸爸制作了贴心扇子……

8.老师带队主要能干啥?

如果说是“干活”的话,老师去了可以说是“啥都不用干”!啥?这不前后矛盾吗?前面说了“啥都不用干”就是“误人子弟”啊!呵呵,别着急,这么说只是想缓解一下气氛,让老师轻松一下而已。“干”还是要“干的”,只不过是要注意把握好分寸,不能变成“干涉”或“干扰”!前面也说了,社会实践是学生毕业后“实战”的一种预演习。因此,老师主要还是当好“旁观者”,尽量让学生主动去做,关键时刻再出手,主要是看他们哪些地方做得不合适,给予指导。

我在带队实践的过程中,基本上是当好一个“旁观者”,主要活动计划都是让小队长自己组织同学们先思考,然后我再参与讨论,给他们提供一些想法,包括与当地相关人员的联系和食宿安排都让学生自己去做,让他们从中得到锻炼!进村之后,我基本上也是遵循不干扰学生主动性的原则,不干扰他们与农户交流沟通、他们的行为方式，等等。我都跟着、观察着、记录着，有问题不当场说，等到结束之后会在当天晚上开例会，与小队队员交流的时候，我会逐一提问同学当天的收获以及自己感觉有哪些不足，然后再根据我白天的观察，指出他们的一些不足或者需要注意的事项，并给出我认为比较好的方式供他们参考；这样，第二天他们再继续调研时就会立刻吸收昨天的经验与教训。当然，必要的情况下，老师还是要出手"救场"的。比如，同学们在与农户交流过程中由于语言表达问题，老乡无法理解，这时老师就要给予必要的帮助，或者是同学突然"卡壳"了，不知道说什么，冷场了。老师就要随便唠唠过渡一下气氛。

此外，老师要注意的一个关键问题就是尽量在同学们的"安全"问题上多加考虑。还有一个问题，带队老师还要尽量把问题考虑得更宏观一些，同学们重点考虑的是某个村庄、某个农户的事情，老师要尽量从县域、省域甚至全国的角度来思考问题，启发同学们如何从具体案例上升到更好的层面上思考问题。例如，针对农村的因病致贫问题，除了微观层面的救助，更多的要从国家角度思考，如何在政策上建立一种长效机制？

二、实践前准备

9.社会实践的主要流程有哪些?

正常的社会实践,主要包括以下几个步骤。

(1)确定主题:社会实践一般都是学生自主的活动,往往是某位同学“招募”几位志同道合的同学一起开展。这个主动的同学一般就是社会实践的“小队长”。首先,需要确定社会实践的主题,就是围绕“去干什么?”提出初步的想法。尽量不要漫无目的地说,就是想出去走走、看看,说不清楚要干什么去。这样其他同学一般是不会跟你去实践的,即使愿意跟你去,申请学校、学院的资助一般也是比较困难的。除非你自己掏腰包,可以任性。这个主题可以从学校、学院的假期社会实践通知中,一些老师课题组的项目招募中选择。

(2)确定内容:确定了主题之后,就要开始谋划社会实践的主要内容,即围绕主题要开展哪些活动?这个“小队长”要先有想法,然后再跟队员协商确定,形成一份“社会实践申请书”,向学校、学院或者老师的课题组递交申请。在确定内容的过程中，一定要与实践地的负责人提前取得联系，告诉对方你们去的目的和想法，更重要的是了解地方的实际需求，以便提前有所准备。

（3）前期准备：确定了主题和内容之后，就要开始做前期的准备工作了。包括对实践地的背景情况的了解、调查问卷的准备、生活必要物资的准备，等等。

（4）制定计划：基于前期的准备，制定详细的实践方案，包括每天的交通信息、重点任务、负责人、小组队员分工、注意事项等。

（5）开展实践：根据实践方案，开始订票赶赴实践地，路上注意随时保持与指导教师、实践地负责人的联系。到了实践地之后按照计划开展实践活动，每天晚上开个例会讨论、总结一天的进展，随时调整优化计划。

（6）总结提升：实践结束后，回到学校继续开展有关资料、任务的总结、整理、上报、汇报等工作。

10.如何制定计划?

制定好实践计划是社会实践的关键环节,可以使每个队员都清楚自己的任务。制定计划主要按照以下步骤进行。

(1)提前构思:队长提前构思、初步拟定一个计划,包括时间内容、形式、日常安排等,但先不要给队员看,可以口头说,先让每个队员都去思考提出方案。

(2)开会研讨:召集小队队员,开会讨论计划。队长首先把自己的方案向大家介绍,然后各个队员根据自己提前思考的内容提出意见讨论。开会讨论计划时,最好邀请指导教师参与。

(3)征求意见:根据开会研讨的意见,对计划进一步修改完善,然后发给小队队员、指导教师以及实践地的负责人征求意见。

(4)修改完善:根据各方的意见,再次修改完善,最后定稿。

小队全体成员出发前的准备：队长组织队员开集体讨论会，队长安排任务分工，各个队员出谋划策，多次交流、探讨并制定计划。

11.如何选择队员与分工?

队长在选择实践队员时候,一般要从以下几个方面考虑。

(1)个人特长:最好是有的能说、有的能写、有的能唱、有的会“生活”、有的较“抠门”、有的能思考等等。这样就可以根据队员特点,做合理的分工,做到“功能互补”。比如,能说的,主要负责与人沟通、问题的提问;能写的主要负责活动的新闻报道、活动总结报告的整理与撰写;能唱的主要负责与老乡搞些文娱活动,加强感情与文化交流;会“生活”的主要负责大家的生活与后勤保障;较“抠门”的主要负责活动经费的使用与管理;能思考的主要负责对调研过程的各种问题进行及时纠正。

(2)专业特长:如果条件允许,最好能够根据实践地的实际需求,招募不同专业的同学一起参与。比如,种植业、养殖业、加工业、农村社会发展等不同专业的同学。当然,这也不是硬性要求。

(3)人数考虑:一个小队人数也不要太多了,一般 5～10 人比较合适。同时要考虑性别搭配,最好是有 2～3 位男生比较好。

实践计划及任务分工

姓名	性别	任务分工	电子邮箱
陈源泉	男	总指挥,主导工作思路走向	rardc@163.com
赵天晨	男	负责人,协调安排实践工作	zhaotc.cau@163.com
石倩倩	女	宣传组,负责拍摄计划的制定与实施,组长	1035612426@qq.com
崔吉晓	女	财务,负责相关报销事由	cuijixiao9898958@126.com
赵影星	女	宣传组,撰写宣传材料	2457818972@qq.com
王小慧	女	负责人,协调安排实践工作	s096xh@cau.edu.cn
卢　捷	女	基金项目负责人	995137347@qq.com
李柘锦	女	协助陈老师的工作	lizhelincau@163.com

续表

姓名	性别	任务分工	电子邮箱
祁香雪	女	后勤组，生活委员，负责药箱、出行清单、协助崔吉晓的工作	78207543@qq.com
白冰	男	宣传组，新闻撰写与投稿，协助石倩倩的工作	489289561@qq.com
张越	女	基金项目负责人	amvzhangyue931205@163.com
陈茗	女	问卷项目负责人，整理问卷，输入信息	491412595@qq.com
罗晓莎	女	问卷项目负责人，整理问卷，输入信息	luosha89895485@163.com
贾浩	男	智库组，提供有关灵丘的文献材料，大后方	jiahao90@163.com
王希全	男		2460080737@qq.com

为了做好本次的实践工作，队长赵天晨根据小队成员的情况、各个队员的专长，提前沟通协调并制定任务分工表。小队成员分工明确，有序执行

12.队员如何处理与队长的关系?

对于整个小队的所有队员来说,虽然从组织管理上,大家都要听从队长的统一指挥,但是对于每个人来说,我们出去社会实践的目的就是个人受锻炼。因此,每个人从内心上都要假设自己就是“队长”,每个人都是主角!既然要花时间去,就要真正用心,不做“吃瓜群众”,积极主动,这样才有收获、有意义!否则宁可不去。

第一,每个人都要积极主动思考。带着问题下去实践收获会更大。建议每个人都思考几个问题,写下来,然后讨论—实践—再讨论,看看是否能回答问题。

第二,要有包容的心。不要任何事情都依靠队长,队长也是学生,他也不是万能的,跟大家一样,都是要学习的。因此,队长考虑不周的地方,请大家不要抱怨,要积极主动帮助,队长做不了你上。不要以为队长就是嘴上说说,指挥大家干活,自己不干。其实，队长是最累的，他要时刻注意协调各种任务，保证活动顺利进展，真是操碎了心啊！不信，你自己组织一次试试。同样，对于其他队员，也要有包容心和爱心，大家能力有所长短，一定要互相帮助、互相体谅，保持团队协作精神。

第三，要时刻与其他队员沟通交流。不要仅仅盯着实践计划上自己的分工任务。如果你仅仅是干好自己的任务就可以了，那你收获的就仅仅是局部；如果你能够及时与其他队员沟通交流，了解他们的任务进展情况，也会对整个小队的活动有了全面的了解，你收获的就是整体。将来有机会让你独当一面的时候，这段实践经历就会带给你全局思维，帮助你更加容易上手。

白天队员分组在外忙碌，山里寂静的夜晚，大家在一起讨论，相互沟通交流，感情更好了，收获更多了。

13.如何联系实践地?

一般情况,社会实践的地点主要通过以下两种渠道。

(1)统一组织:这种情况一般是学校、学院由于项目的需要,统一安排。这种情况下,学校、学院都有专门的人员负责与地方联系落实,实践小队队长只需要与学校、学院的负责人保持联系,确定具体需要去的村庄,再与当地的负责人联系;还有一种情况是承担学校一些老师的项目研究,这种情况最好是项目老师能够提前帮忙联系确认。

(2)自己联系:这种情况主要是同学们自己有想去的地方,最好选择有亲戚能够帮助联系或者是找到当地来的同学作为队员,这样去的时候相对方便一些,尽量不要选择一个所有队员都完全陌生的地方。确定好地点之后,再通过学校、学院开介绍信,自己选择时间点,与地方政府联系,直到联系到具体村庄的负责人。

2017年7月16日，队员们初来乍到，和乡镇及上关村主任进行了第一次亲密接触。和负责人直面交流，有利于队员及时优化实践计划。

14.与实践地联系上之后要说些啥?

队长在与实践地负责人取得联系时,第一次沟通非常重要,一定要提前拟好谈话提纲,做好准备,保障沟通顺利进行。如果人家拒绝你们去实践,其他的事情都无从谈起了。因此,要注意以下几点。

(1)态度要诚恳:不要一上来就是"你是……吗?我是……派来的,到你们村去调查一些情况"。如果是这样的开头,估计人家第一反应就是排斥的。一定要有礼貌!首先,要先介绍自己,不要一上来就问对方是谁;其次,措辞上,尽量少用敏感词汇,如上面派来的、调查,等等之类的。如果你这样说:"您好!我是××大学的学生,这次给您打电话是想开展一次学生社会实践学习活动,之前通过我们学校与县里(或乡里)联系,他们认为贵村在××方面做得不错,这正好与我们的实践目的相吻合,建议我们与您联系,希望能够到贵村学习你们的宝贵经验……",这样是否听起来更让人舒服呢?你还可以进一步发挥!

(2)费用要自理:前面的开场白之后,一定要明确告诉对方,此次活动的费用全部由我们自行解决,不会给村里带来“负担”,这一点很关键。

(3)目标要明确:要让对方明确你们去的主要目的是什么?一般要从双方的需求来考虑,一是从学生自己的角度,主要是去通过实践,接受锻炼长见识,向老百姓学习;二是从村里的角度,主要是去了解一下村里的发展情况,看看还有哪些需要帮助或提高的地方。

(4)任务要清楚:告诉人家目的之后,就要稍微具体地介绍一下主要的活动任务,包括与村干部访谈、与村民座谈、田间生产考察学习、与村里小学生互动交流,等等。就是把你们的初步实践计划的主要内容告诉人家。记住,这个时候一定要让对方说说他们的情况(村里大致的发展情况)与需求(目前发展存在哪些困难需要解决),以便提前做好一些准备。

（5）时间要恰当：如果前面沟通进展顺利，最后要与对方商量一个合适的时间，看看人家什么时间合适。要告诉人家你们计划的天数、参加的人数，等等。

15.出门要注意什么?

出门在外,最重要的当然是安全问题!重点要注意以下几个方面。

(1)与人沟通:要注意礼貌、谦虚,尊重别人,这是要时刻注意的事情,这也是与安全相关的。当你尊重别人,别人也是尊重你,至少"少"了一些"坑你"的意思。

(2)疾病预防:要注意肠道感染(可带黄连素片等药品)、防晕车(船)药(乘晕宁、乘晕静等药品)、要带上防暑药(藿香正气水、仁丹、清凉油、十滴水、风油精、白花油等适用于防暑提神的药品),还要带上最关键的是天天必用的防蚊虫药品。

(3)交通安全:注意防偷,管好钱财,不要太"露富"了,尤其是在公共汽车上,人多眼杂,不要让人盯上你,上车之后大家要有意识地观察身边的人群,尽量离那些看起来就不像好人的远一些;尤其要注意的是,路上大家很容易犯困,尤其是有晕车倾向的同学，大家如果实在困得不行，建议轮流睡觉，保证有人清醒。

（4）人身安全：第一，注意密切关注天气，尤其暑假期间经常是多雨的季节，容易发生洪涝灾害等情况，每天都要查看天气预报，如果预报有大雨，就要及时调整行程，不要进行野外活动；第二，出门在外，队员要互相照顾。一方面，注意身边的陌生人、车辆；另一方面，在野外也要互相观察路况、植物等，尤其在爬山的时候，注意带刺的植物、疏松的道路，甚至可能出现的野生动物，大家互相照看着点；第三，如有可能，提前了解学习一些野外生活或求生的一些基本技能，以备不时之需。

16.如何准备前期资料?

前期资料的准备是为了更好地提前熟悉实践目的地的各种背景情况,以便更好地制定实践计划和实施任务。一般准备前期资料的方法或途径主要有以下几个方面。

(1)网络查询:主要提前通过网络查阅实践地的地理位置、交通情况、社会经济发展情况,等等。不要局限于具体村庄,可以放大到整个县域,这样可获得的信息就多一些。一般县一级都有政府网站,可以登录网站提前对村庄有一个初步的了解。也可以浏览一些图片,提前有个感性的认识。

(2)论文查阅:论文查阅相对专业。首先,通过学校的一些学术期刊论文或研究生学位论文数据库,查查实践目的地有没有相应的科学研究论文发表,这也是获得专业知识的重要渠道;其次,根据调查内容可能涉及一些具体的专业知识,比如,针对实践地的种植业、养殖业发展情况,可以提前查阅一些相关的技术类论文。

(3)图书查阅：可以到图书馆查阅或是网购一些与实践地有关的书籍或资料。如，该地方的《县志》、该地区所处的地理调查资料等。不要仅仅局限于乡村或县域，可以从更大范围上了解实践地所处的区域情况。如我们这次去的地方，属于燕山－太行山贫困带，那么我们可以从宏观上了解一下燕山－太行山的一些情况，包括该地区对于华北平原区的重要地位，等等。

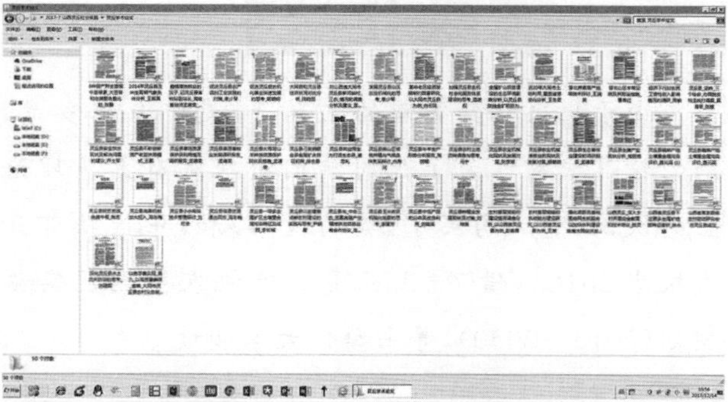

为了提前对灵丘县有一个好的了解认识，陈老

师建议队员们提前查阅有关文献资料并仔细阅读，而陈老师本人也下载了50篇有关灵丘县的学术研究论文供大家学习。有的队员还亲自跑去国家图书馆，复印了《灵丘县志》供大家提前了解。

由于此次社会实践的主题是“走进乡土乡亲、助力精准扶贫”，为了让同学们对扶贫有更多理论上的认识，小队购买了《塘约道路》和《中国扶贫开发报告2016》，借了《山西灵丘有机农业园区实施规划(2013—2030)》等书籍供大家阅读参考。

17.出门要带什么啊?

出门,要带最重要的就是“脑子”! 只有提前熟悉实践的目的、内容和任务分工,时刻保持清醒的头脑,才能很好地完成工作。

当然了,一些必要的物品还是要准备一下的,具体可以参考以下内容(以下内容主要来源于队员祁香雪)。

(1)现金和银行卡:可以根据个人习惯选择携带现金的多少,大概 500 元以内即可,但要记得多准备一些零钱以备不时之需。

(2)各种证件:身份证、学生证(有时候介绍自己时候拿这个比较“有效”)等。

(3)衣物类:要提前了解实践地的天气情况,以及实践的天数,计算携带换洗衣物。尽量带一些速干的、轻便的、耐脏的衣服;同时可准备一件冲锋衣之类的外套以备不时之需。

(4)鞋子:因为要走街串户做调研,所以最好带一双舒适的鞋子，自己还可以带一双拖鞋，袜子不要带丝袜之类的，最好是运动袜。

(5)手机、充电器和移动电源：一定要记得带手机，方便在外与他人联系，注意存好大家的电话号码。在出行之前，记得把话费充好，带好充电器和移动电源，防止手机没电而导致紧急事务联系不到。

(6)洗漱用品：必备的洗漱用品主要有毛巾、牙刷、牙膏、香皂、洗发水。其他的可以根据自己的需要准备，建议不要带多了。

(7)雨具：准备一把轻便的雨伞，也可带雨衣之类。

(8)防晒用品：注意做好防晒，可带帽子、防晒霜等。

(9)学习用品：注意携带记录本、笔、电脑等，以便随时做好记录及感悟等。

(10)应急药品：防蚊用品、肠胃不适药品、感冒中暑药品以及个人特殊需要药品等。

三、实践生活事

18.我们去住哪里?

最好不要想着住宾馆！一是经济条件不允许，二是影响不好。要发挥艰苦奋斗的精神，如果要享受，建议就不要参加了。最好还是住村里，可以提前与村主任商量，主要选择的地方有以下几个方面。

(1)村里的小学宿舍：假期学生们基本都放假了，可以方便入住。现在各乡村小学条件都比较好了，都有一些老师宿舍。如果床位不够，把课桌拼一拼也可以当床的嘛。

(2)村里的大队办公室：这是每个村庄都会有的，至少有地方可以容纳大家。

(3)老乡的家里：这种也是不错的选择，可以请村主任选择比较热情的、挨得比较近的几家农户。

当然，不论住哪里，都要提前谈好，要给钱哦！不能白吃白住！即使遇到热情的农户，也要想着法子给钱。比如，当作是给他们家小孩的红包什么的。

住在村里，还是很美的，可以享受乡村夜间的静、夜间的清风、清香，夜间的各种蛙鸣、虫叫……

这次实践，队员们住在温馨、舒适的上关村银苑小学一年级的教室。一周的同床共枕，队员们也变成了亲密的战友和舍友。

19.吃饭怎么解决?

住的问题解决,下来就是吃的问题了。这个也是要提前与村主任商量,主要选择的地方有以下几个。

(1)村委会食堂:不是每一个村都会有村委会食堂,如有最好。

(2)老乡家里:请一位老乡专门负责给大家买菜、做饭。

(3)自己做:如果实在条件不允许,那就大家自己动手,这也是不错的选择啊。

同样的问题,不论吃好吃坏,都要交钱哦!

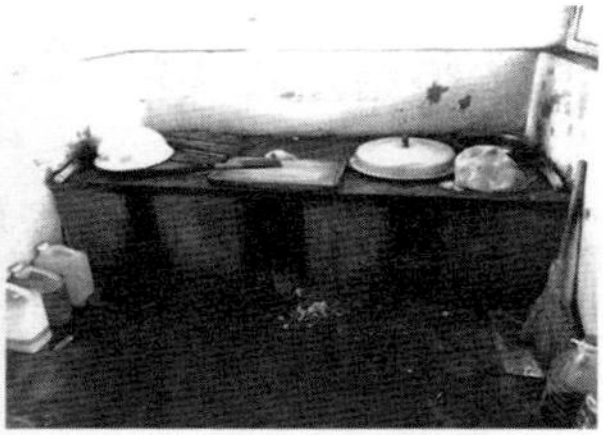
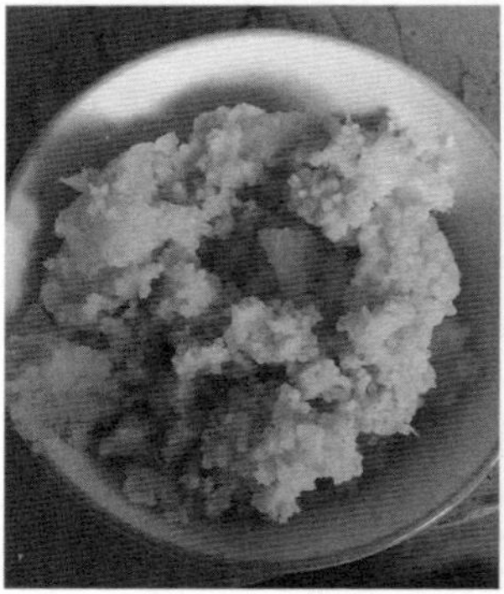

一把刀，一个切菜板，一口大锅，一个灶台，一位漂亮的年轻妈妈，小厨房在实践期间是那么吸引人。回校后，队员们对年轻妈妈做出一桌又一桌色香味俱全的饭菜仍念念不忘。

20.饭菜实在吃不习惯怎么办?

“我想我妈了”！这是很多同学吃村里老乡的饭经常冒出一句话，这是什么饭啊！我不习惯吃面啊，我不喜欢吃馒头啊，我不喜欢这么咸啊，我不喜欢这味道啊……

同学们，首先，要清楚这不像在大城市，也不像在咱自己家里，老乡也不是专业厨师。因此，建议大家还是坚持吧！怎么坚持？主要可以参照下面的心得：

(1)想着饭菜的营养元素，这是我们身体所必需的，好不好吃只是你的味觉、视觉上的喜好。对于身体来说，都是一样的，它只认身体需要的营养，尽量多吃一些蔬菜。

(2)不好吃，想着怎么好吃？一边吃着，一边想着，换作你，同样的素材，你觉得怎么做才好吃呢？如果你有好办法，不妨可以到厨房发挥你的手艺；

(3)如果实在很难坚持，建议你自己备点高能零食，作为必要的救济。但是请不要在老乡面前表现出来你的不喜欢，会伤老乡自尊的。

欢乐吵闹的就餐氛围，饭前的齐心准备、饭间的相互调侃、饭后的并肩收拾，吃饭时间成为各小组成员的亲密接触时刻。饭菜好不好吃好像也没有那么重要啦。在村里的这几天，也和小朋友们培养了深厚的感情，小朋友们强势加入小队的吃饭大部队！

21.吃饭需要注意什么?

什么,吃饭还有讲究啊?有!

第一,注意不要吃得太急,一般饭菜都是做完马上吃,烫啊!不要跑了半天的山路,一见吃的就猴急。

第二,注意水土不服,吃饭时候,如果可以,尽量还是吃点蒜瓣吧,实在不行新鲜的小葱也行,杀菌啊!

第三,饭后一定发扬"好闺女、好小伙"的优良传统,就像咱在家帮妈妈洗碗一样,帮忙把碗盆洗了、饭桌等卫生收拾一下吧。老乡帮忙我们做饭了,留了不少汗,紧着先帮我们做饭,人家自己家里也还需要做饭呢,可能还要回家喂牲口,不要让人家再等着咱们吃完饭还要收拾。

一碗面条，两瓣生蒜。哇，绝对美味又杀菌！

队员们发挥优良作风，自己的事情自己做，自

己的餐具自己洗。一吃完饭，女队员们纷纷收拾桌子，撸起袖子就开始洗，这些活基本都是由可爱、勤劳、贤惠的女队员们来做！

没看错吧？怎么女队员站成一排，两个男队员在洗碗？对，你没看错，男队员人数虽少，却不甘示弱，主动洗碗，想在女队员面前表现一番。不料却被女队员指指点点，嫌弃一番。这个场景也是很值得回忆的！

22.不能洗澡怎么办?

啥,还有不能洗澡的情况啊！有！而且是经常有！有水就不错了。有些地方水资源短缺,能够保障生活饮水就不错了,还想洗澡,别想了。即使有水的地方,农村地区,一般没有专门的浴室。目前老乡多数还是在自己院里冲一冲,可是让你洗个露天浴,估计你也不敢啊!

因此,洗澡问题还是要想办法克服一下的,以下几个心得可以分享给大家。

(1)如果村里有人家条件好一些,有浴室可以跟人家商量,到人家去洗,给点水电费。

(2)如果没有,建议大家还是尽量克服,只要有水就好说。可以烧点热水,兑着洗澡。如果没有封闭的空间,建议在住的地方找个偏僻一些的角落,男女生分组,分时段洗,主要要有专人把守。同时,要注意节约用水、速战速决!

Tips 小贴士：

——在院里冲澡时候，最好就不要脱衣服了，直接带着衣服冲洗，完了到室内换衣服即可。洗完身体了，衣服也顺带洗了。

——如果天气温度可以，又遇下雨，也可以享受一把淋洗！此法不适合体弱容易感冒的同学。

——节水快速擦洗法：只需一条毛巾、一块香皂、一盆水即可。先把毛巾打湿（不拧干）擦拭身体，然后用香皂涂拭身体……（过程可以随便），然后把刚才的毛巾拧干，把身上的香皂擦掉（当然不可能一次擦干净，这一遍是擦泥呢），然后用水舀舀出盆里的水把毛巾投一投（千万不要把毛巾全部放进盆里洗，否则一下子一盆清水全毁了），然后再用湿毛巾继续擦拭身体，如此反复多次，直到感觉干净了为止。

山里的夜晚分外安静，淳朴的民风夜不闭户，轻松、惬意、辽阔的洗澡和洗漱空间，队员们可以“肆意”享受这个美好时刻。

23.上厕所怎么办?

这么私密的问题也管啊！当然要管，否则你们就要“憋”坏了，学校、老师都要负责啊！告诉大家，农村的厕所，目前多数还是旱厕！搞不懂什么是旱厕请自行上网查阅相关资料。总之，完全不是城里的那种马桶厕所。因此，你可以顺着粪坑一望到底，你这辈子一般看不到，也最不想看的东西那是一览无余啊！“厕所革命”已成为当前社会普遍关注的热点，可见这个问题有多重要！

但是，我们还真不能憋着啊，该上还是要上的。所以，还是要说服自己，该去还是要去的。去的时候注意以下几个方面。

(1)“要专一”：进旱厕，除了上厕所这件事情，其他事情都不要，要以最快、最高效的方式结束。除了手纸，所有的东西都从口袋里掏出来！尤其是手机，千万不要把在城里上厕所看手机的习惯带去，除非你的手机不想要了，因为很容易掉进去的。

(2)“要平视”：进去后，先在门口提前找准“战位”，然后再走过去，蹲下后眼睛尽量平视（视线至少保持水平以上），集中精力上厕所。

(3)“要调整”：调整上厕所的时间，如果能够在晚上最好（当然要带上手电之类的照明工具），因为夜晚你就不会看到厕所底部；如果是早上的话，我敢保证，你看到后早餐肯定是不想吃了。

(4)“要有伴”：尤其是女生，最好有个伴说个话，互相“损”一下，转移注意力；要是夜间的话，有个伴，心里觉得安全。另外，一定要喷驱蚊花露水，并且带着扇子扇蚊子。

此外，如果是男生的话，就可以相对灵活一些，到野地里，也可以充分利用玉米地、荒草地、黑树林的天然屏障，享受一下自然厕所。

如果是冬天的话，半夜想上厕所怎么办？这种情况要提前有预案，当然，如果是“大”的话，建议不要睡到半夜才想起来，一定要早点解决。如果是“小”的，天寒地冻，暖和的被窝，实在不想出去啊，又有喜欢夜间“小号”的习惯，建议提前准备一个桶，提前放半桶水（稀释一下，防止异味），天亮起床之后再去倒掉，洗干净就行啦。

不要怪我恶心，这真的很重要，以上办法都是本人亲自实践过的。

传说中的旱厕来了，内部就请大家自行想象了。

24.睡觉要注意什么?

Oh,my god! 还有没有完啊! 睡觉谁不会! 我要告诉你,这个问题很重要,弄不好,就尴尬了,而且是真的尴尬啊!

第一,关好门! 能反锁就反锁。如果不行,就在门后“堵”个凳子或桌子。

第二,最好不要脱衣服睡觉,可以穿着宽松的衣服。因为我们住的地方随时会有村民来串门啊! 尤其是村里的小孩,跟我们熟悉了之后,那是随时会来的。如果大家都像在宿舍那样随便的话,随时都会可能出现尴尬啊!

第三,注意作息时间,不要睡懒觉。大家每天规定一个时间起床,不要让大家等你。

第四,喷好“香香”。重要作用是防蚊虫,同时可以防止各种异味,尤其是大家走了一天的鞋啊、袜子啊,最好放屋外。

第五,注意睡姿。不要太销魂,让人看了不好,自己想办法避免吧！

第六，晚上不开灯。晚上睡觉的屋子尽量不要开灯，最最关键的是，如果你开了，各种昆虫的“趋光特性”，会让你“彻夜难眠”的！

25.停水停电怎么办?

半夜里睡得正舒服,突然被热醒,浑身都是臭汗,一看,What! 停电?! 早上醒来,迷迷糊糊想去洗漱,打开水龙头,啊? 没水!!!

这种情况在农村是经常出现的事情,尤其是夏季用电高峰的时候。因此,大家一定要对此事有充分的准备。

LED便携式充电宝小台灯,实用美观又方便携带。

对付停电的方法有很多种,在有电的时候把所有的设备:电脑、相机、手机、充电宝等全部充满电是上上策。LED便携式充电宝小台灯也是很便携又实用的小设备。另外,传统工具蜡烛也可以备一些，到时候真没电了，储的电也用完了，就派上用场了。

对于停水，最好的办法当然是提前储备水啦！建议大家每人准备一个洗脸盆，每次用水之后，接一盆水，以备下次应急之需。此外，在住村的时间，一定要留意谁家有手动压水机，等到没水的时候，就要去老乡家里借水啦。

传统手动压水机，现在很多农村都没有啦，不过每个村里应该还有几台。

四、调研小技巧

26.到村后第一件事做什么?

到了村里之后,首先要与之前电话联系的负责人见面(一般就是村主任、村支书)。见面之后先到住宿的地方,收拾好自己的行李、安顿下来;然后到吃饭的地方,与给大家做饭的“厨师”见面,商量确定一日三餐的时间。

2017 年 7 月 17 日上午,小队抵达上关村银苑小学校,村支书很热心帮队员拿行李并安排住宿的地方。

接下来，按照之前设计好的实践计划，第一天最好先辛苦村主任（村支书）带领大家到村里逛逛，对村庄有个整体的感性认识；然后安排一个时间与村里的主要干部座谈，对全村的总体情况进行比较深入的了解。之后，再根据计划完成其他的任务。

2017 年 7 月 17 日上午，队员们到上关村，在“驻地”（上关小学）门前的大树下合影。

27.如何了解一个村庄的总体概况?

这个问题首先要从理论上了解乡村生态经济系统的构成。一般分为两大部分:一是自然环境部分,二是社会经济部分。

(1)自然环境部分:指一个村庄的地理特征,主要包括地形地貌、河流、道路、建设、土地利用状况等可以用眼睛看到的实体。这个主要靠眼睛看(争取在脑子里有个整村的自然地理环境轮廓)、靠手画〔最好有一张该村的地图,没有的话也可以通过google earth(谷歌地图)了解一下,画出一张自己的手绘地图〕。

重点关注:土地利用状况。包括林地、草地、耕地、园地等。重点调查与农民生活、农业生产、农村经济息息相关的种植业情况,如粮食作物(如小麦、玉米、水稻、各种小杂粮等)、经济作物(花生、蔬菜、中草药等)、饲料作物(牧草等)。了解的重点是各种作物的种植面积、产量、价格、生产成本(种子、化肥、农药、灌溉、机械等)。

(2)社会经济部分:社会经济部分主要是了解该村的经济地理区位、总体经济情况、非农经济状况、村风民俗等。

经济地理区位:主要了解该村的交通状况,包括到乡镇、县城、省会及周边大城市的交通距离、道路状况、通车情况等。这是了解该村与外界沟通的主要渠道。

总体经济社会情况:主要了解该村的收入结构(村民的主要收入来源)、年龄结构(65岁以上的老人比例、青壮年比例等)、文化程度等(主要看不同文化程度的比例,如文盲比例、小学比例、初中比例等)。

村风民俗:这个可以了解该村的卫生处理状况、村民的婚丧嫁娶、人情往来的各种习俗。

(3)专题了解:除上述两个内容外,小队还可以根据各自的兴趣点或者是承担学校、老师相关项目的专题调查研究进行重点了解。

白天，村主任带着队员在村子里逛了一圈，给队员介绍一下村里的发展情况，队员们认真听，慢慢熟悉了村里的整体情况……

晚上，由于天气较热，又是夜间在屋里开灯容易招惹蚊虫，因此，村委和实践小队在小学教室门口路灯下席地而坐，进行了第一次访谈，队员们进一步了解了村庄的概况，彼此交流顺畅，谈话舒适而惬意……

上面两幅图是队员在村里用的手机 APP 地图，右图是队员每天入户调研的轨迹，每天就是这么来来回回……

28.如何选择调研对象?

这里说的对象主要是指我们社会实践一般要做的问卷调查或者重点访谈的对象。正常情况下,我们不可能对全村所有人都进行全面排查,主要选择典型代表调研。

因此,这个对象的确定可以请教村干部,说明我们调查的目的,请他推荐具体农户,并记下农户的名字,然后我们自己去村里找。

一般情况下,可以按照几个角度选择。

(1)根据收入水平选择:可以从家庭经济条件好、中等、低等不同程度,每组选择若干农户。

(2)根据收入来源选择:有的农户以务农为主、有的农户以外出打工为主、有的农户以自己经商或创业为主,可以根据不同的情况分组选择。

(3)根据务农类型选择:一般农村务农的还是大多数,有的农户以种植业为主,种植粮食作物、经济作物、饲料作物等;有的农户以养殖业为主,养殖猪、牛、羊、鸡等不同的动物品种，最好每种类型的农户都能覆盖到。

（4）根据文化程度选择：主要针对每户的户主，看户主的文化程度是文盲、小学、初中、高中及以上，根据情况选择不同文化程度的农户。

综合以上各种因素，结合问卷调查的需求，最终确定具体调查对象和人数，然后根据所需调研人数，结合队员数，将小队分组，每组负责调研几户农户。

29.如何与地方政府部门座谈?

在社会实践过程中,少不了要与村里、乡(镇)里、县里的有关部门和领导座谈,了解更多的情况。但是,请大家记住,座谈的目的还是为了更好地学习,不是上级派来指导工作的,还是要放低自己,具体要注意以下几个方面。

(1)不要尽挑"毛病":有时候你挑的毛病不一定就是毛病,因为存在标准不一致的问题。学生大多数是从城里人的角度、从书本理论的角度去思考,即使提的问题是对的,但放在具体的村子里,可能不一定对。记住一个原则,毛病一定要想办法让对方主动提出来,而不是你挑出来。你可以提出一些疑惑,向对方请教,等对方提出来之后,你再探讨式地提出你的认识以及可能改进的地方。

(2)少说"你们应该怎么做":有时你提出的怎么做,本身就不一定合适,即使你提的对,政府部门有时可能也有想到,只不过财力、人力等各方面的限制而“臣妾做不到”啊！多思考“我们应该怎么做”，应该多说“这个事情这么做，是否更加合适？”（这是你通过具体实践，对于一些具体问题的认识之后提出的初步改进设想），听听对方的意见，看看他们是否对你的设想有意见。如果认可“可改进的地方”，回来以后你还要根据这个想法，通过进一步深度思考完善，提出可操作的具体方案。

队员们在车河有机农业社区聆听灵丘县副县长王怀忠、县农委主任刘向阳和县扶贫办主任赵优

文开讲的实践第一课。陈老师是有备而来，详细记录了自己的所听、所思、所想……

队员们与上关村第一书记和驻村工作队座谈，详细了解了他们在精准扶贫中所做的工作。

30.如何进得了老乡家门?

常常可以听到有些地方政府部门存在“门难进、脸难看”的问题,老百姓家里也会存在这种问题吗？一般情况下比较少,但是确实存在比较难进的情况。关键在于我们如何获得村民的信任?

由于一些历史原因,造成了老乡对外界的人进来存在一定的戒备心理,经常害怕是上面派来的,尤其是上了年纪的老人。当然也有一些年轻一点的,对于我们这种基本起不到什么作用的人可能是爱搭不理的。遇到这种情况,你的第一形象就非常重要！大家如果想专业一点,可以去翻翻心理学专业的有关书籍、找找办法。我没有学过心理学,但是从小生活在农村,也有一些经验吧。人们对于陌生人的认识,一般看两点,一是看外貌,二是看言行。如何让自己的言行举止让人更加容易接受?

首先,在外貌上,大家尽量不要穿得太“高大上”了,最好低调、朴素一些,不要给人造成一种心理压力:有钱人啊!

其次,在言行上,第一句话非常重要。如果一张嘴就是:我们调查调查情况,我们来看看你家的情况……这样的话,首先人家搞不太清楚,也不知道你要干啥的,一般就回答你:我“木”啥情况!这样,你就尴尬了、卡壳了,下一句就不知道如何继续说了。我一般第一句最重要的是要突出两个关键词:“学生”“学习”!先告诉人家咱是某个大学的学生,来农村接受锻炼,实践学习,到人家家里来主要是向人家学习实际生产经验,另外一方面看看我们是否能够帮上什么忙……这样的开场白,老乡一般得到的关键词就会是学生,学生嘛,孩子嘛,好嘛……,心里就接受你了!

Tips:好办法就是有村里的人带着,但不要是村干部,最好是村里的人缘关系比较好一些的人,或者是小孩、学生等。一般第一天、第一家比较困难,后面慢慢地村里都知道我们去了(村里一下子来了一群陌生人,消息传递还是很快的!),就比较好了。

调研第一天，队员来到李国道大爷家门口，先做了个自我介绍，然后介绍了此次拜访的目的，队员用自己的表达方式，和大爷拉家长里短。看，他们聊得多开心！

队员要调研李娥彦老奶奶的儿子李二元，老奶奶和儿子分户后分开住，老奶奶给他们带路，队员拉着奶奶的手，慢步向儿子的家里走去……

队员调研回来的路上遇到张奴女老奶奶，帮忙把菜推回家……

31.能够到处随便拍照吗?

正常情况下,我们出去社会实践,拿出相机、手机拍照是经常的事情,但是也要注意有些场合是不能随便拍照的,请大家注意。以免带来不必要的麻烦。

(1)博物馆之类:进入博物馆之类地方的室内场合,许多展品都要求严禁拍照的,请大家一定遵守规定。

(2)公共交通上:比如公共汽车、火车上,虽然属于公共场合,但是一定要注意拍照的角度,最好是对着自己的队友,不要把镜头对着陌生人,以免人家不高兴。

(3)老乡家里:这个属于个人空间,拍照之前一定征得人家的允许,不要一进去就"咔嚓咔嚓"一通乱照,尤其是家庭条件比较差的家里;此外,如果拍人物,更要注重人家的肖像权,一定告知照片有可能用于新闻报道(公布)之类的,要征得人家的同意。还有一种情况,就是对于有些卧病在床的病人家里,照片一定照得合适一些,不要给别人造成视觉上的反感。

32.在什么地方与老乡聊合适?

这个问题最简单,答案就是Anywhere! 中文就是随时随地!在村里做调研,不可能像在县里政府机关,有专门的会议室供你座谈。

在农村,村民是“行踪不定”的,有的在地里干活、有的在家里干活、有的在村里串门或者某个角落(墙角、树底下)“傻傻”地发呆(纳凉、省电、环保),有的在路上走着。因此,做调查就要随时随地。

调查的姿势主要有:站着、蹲着、坐着、走着、趴着……

陈老师与村里 86 岁的李娥彦老奶奶席地而谈，详细了解了老奶奶的家庭情况和身体状况……

队员们在半山腰调研村里中草药——黄芪的种植情况。

队员调研路上恰巧遇到村里即将要调研的大妈，大妈带路，队员边走路边调研。

队员以及特聘队员姚倩茹在村子的小公园路边进行调研。

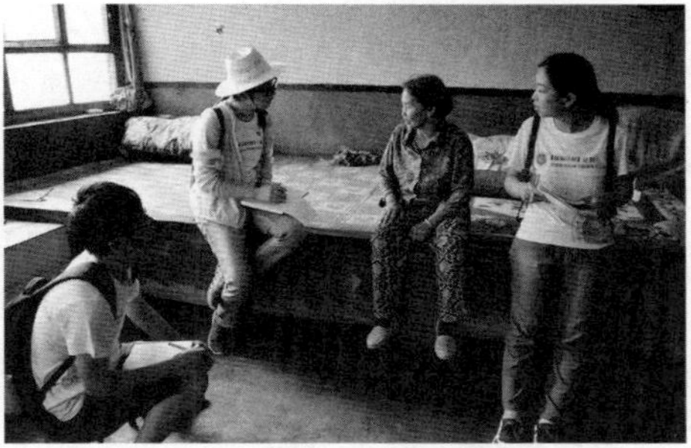

队员在老乡家里询问奶奶老伴的病情以及身体状况。

队员向有机水稻的负责人详细了解有机水稻的种植情况。

33.与人沟通要保持什么姿态?

在农村调研,接触的是我们可亲可爱的老乡。与他们沟通交流一定要注意方式方法,注意自己的一言一行,获得老乡的认可,让他们认为这个小伙子行、这个闺女行!这样你与他们交流起来就会顺畅自然得多。要注意以下几点。

(1)放低自己的姿态:不要“高高在上”,以为自己是“天之骄子”,把城里的“少爷”“小姐”脾气带到村里。一定要在内心里想着,村里的老乡就像咱老家的各种亲戚,就像咱家里的爷爷奶奶、叔叔阿姨,嘴巴一定要甜(但不要太装哦,一定要真情实意的)!我们出来社会实践,就是学习、受锻炼。因此,老乡就是我们这次学习的实践老师,这个老师是否教你真本事,就要看你这个学生态度了。

(2)如何放低自己的姿态:注意“低”的诀窍,首先,声音要低、要柔、要委婉;其次,老乡站着你就不能坐着,老乡坐着你最好蹲着。

上关村小学的墙壁上写着“关注自己一言一行”，虽然这是给小学生看的，但对大学生也适用，大学生也要时刻注意自己的一言一行。

队员对村里拥有40多年党龄的李彦昌大爷进行问卷调查，蹲在大爷身边，询问大爷家里的情况，大爷耐心地回答队员提出的各种问题。

34.老乡说什么，傻傻地听不懂咋办啊？

我的天啊，听不懂老乡说话啊！这是社会实践最重要的问题。你要是到我老家，清一色的闽南语，让你晕死！因此，我们进村是急需“翻译官”的。那怎么找啊？告诉大家诀窍：村里的大学生、中学生、高年级的小学生，都可以拉拢过来给我们当“翻译官”。看看，我们找的“翻译官”，个个对村里熟悉得很！这种办法有3种好处：

(1)解决了语言问题。

(2)解决了“门难进”的问题，有村里的孩子带着，老乡更容易接受你们。

(3)对于这些孩子来说，你们是大学生。是他们的“未来”，在参与你们的过程，也是你们激发他们努力学习的过程。

Tips：注意不要让村干部亲自带着去。理由，你懂的！

小队的队伍越来越强大，进村的第一天，小队遇到了放假在家的两位大学生，左二姚倩茹（山西金融学校），中间崔丽佳（山西大同大学），迅速把她俩发展为队员，换上队服，调研的这几天，两位大学生成为小队的得力干将。

村里的李旭(小学四年级)给小队带路

村里的贾琪(小学三年级),与队员亲如姐妹(右)

帮队员做饭的大姐的儿子李想(8 岁,后来与大家混熟了,队员们都叫他“想哥”),天天跟着队员“上山入户”,还成了队员的摄影师。每天队员们还没有起床,他就到小学门口等着队员起床,有时甚至凌晨 4 点就跑去了……

五、实践重要事

35.如何做好问卷调查？

问卷调查是社会实践过程中最常有的活动之一。调查问卷有些是学校、科研机构以及老师课题组根据研究需要设计的调查表，也有实践队员自己设计的调查问题。在农村入户调查的过程中，如何做好问卷调查是非常关键的。做问卷调查，要注意以下几点。

(1)不要为了做问卷而做问卷。如果一份问卷调查结束了，只有留在纸面上的几个数据，其他的一概不知，那么可以说你的问卷没有任何意义，你就是一个问卷调查工人，没有起到实践锻炼的作用。所以，一定要学会思考问卷上每个数据背后的意义，还要能讲出农户的家庭故事，这样的数据才是有意义的数据。因此，需要提前了解问卷的目的、熟悉问卷的内容、掌握后续的整理分析方法。

(2)要灵活变通问卷的提问方式，把问卷调查变成“拉家常”。如果你一字不差的读问卷的问题，农户大多会回答不清楚！问卷设计往往是学术研究需要，大多是科学用语，因此你需要理解问卷内容的内涵，把它转化成老百姓能够听懂的语言。

类似下图的一份问卷，你的提问是“你每年食品支出是多少元”，可以说基本是得不到答案的。你必须想方设法转化成类似这样的谈话：“老乡，咱

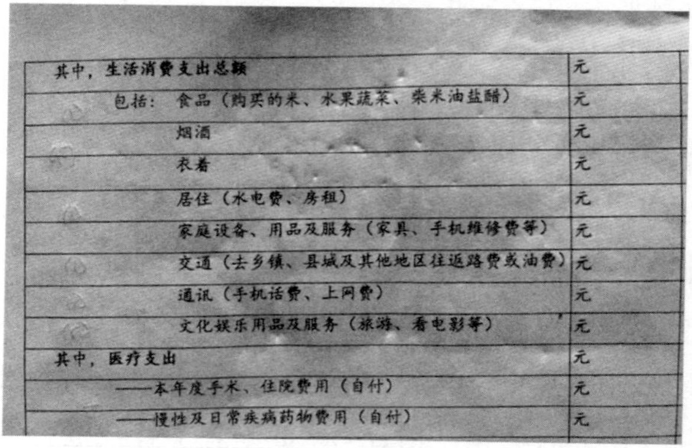

其中，生活消费支出总额	元
包括：食品（购买的米、水果蔬菜、柴米油盐醋）	元
烟酒	元
衣着	元
居住（水电费、房租）	元
家庭设备、用品及服务（家具、手机维修费等）	元
交通（去乡镇、县城及其他地区往返路费或油费）	元
通讯（手机话费、上网费）	元
文化娱乐用品及服务（旅游、看电影等）	元
其中，医疗支出	元
——本年度手术、住院费用（自付）	元
——慢性及日常疾病药物费用（自付）	元

最高境界是：充分理解问卷的全部内容，“编成故事”，把问卷调查变成与老乡拉家常，聊完了，问卷记录员也基本把问卷填完了。

平时吃饭都吃些啥，米饭，面条？自己种的还是在哪里买的？有没有购买的袋子？多少钱一袋？一袋能吃多久？……”这样，根据次数、时间、价格等信息，自己基本可以计算得出相应的数据。

36.如何做好访谈记录?

首先,要搞清楚,记录不仅仅是文字记录,还包括图片、声音、影像等记录。在多媒体时代,需要保存好各种记录,以便后续整理。

最主要的方式还是笔记+拍照。每个队员要随时准备好记录本,及时记录了解的情况。重要的访问最好有录音笔录音,我们写字的速度很快,也难以记录完全,录音可以为后续的整理提供保障。

同时,照片记录也很重要,要把重要的场景拍下来,最好由摄影技术好的同学负责,保证拍摄的质量。如果没有,负责摄像的同学可以学一些简单的技巧,比如构图。至于录像,由于占用空间较大,可以挑选重要的访谈对象进行记录,不宜全程录像。记住:我们也不需要像电视台拍纪录片那样。

驻村扶贫干部为队员讲述上关村扶贫工作，队员认真聆听并记录重要信息。

37.记录的材料能干啥?

同学们每天跟老乡们聊了很多东西,记录了很多东西,但是这些文字材料能干啥?一般情况下就是写写新闻报道,写写调研总结或者实践论文。很多同学记录了很多东西,多数记录的东西就像是写日记一样,记得很详细,自己看没有问题。但是,我们实践的东西最终是要让别人看的,因此,如何写好材料非常关键!

要清楚写东西的目的是什么?要告诉别人什么东西?这个很重要,如果不清楚目的,写出来的东西可读性就较差,不能吸引别人的注意,或是不能引起共鸣!一般写的东西主要有以下几种形式。

(1)新闻报道:主要针对社会实践本身进行新闻式报道,一般是给学校、学院的网络新闻报道,也可以向有关媒体投稿报道;也可以通过微信公众号、头条等新媒体推介;扩大对实践的宣传报道力度。

(2)人物纪实:主要对村里的典型人物的先进事迹进行介绍,以客观事情为主。

(3)重点介绍:主要对村里的自然风光、人文环境等进行介绍,以客观事情为主,主要是基于图片配以文字解读。

(4)深度思考:类似于论文,主要是通过我们对调研的认识,基于我们的理论知识,提出一些思考性的问题或建议,以调研人的主观分析为主。

(5)活动总结:这主要是向学校、学院最终提交的实践报告,"花"了学校、学院的钱,总要有个"交代"吧,说一些我们的收获与感想什么的。

以上不同类型的用途,看似简单,其实要做好真不容易。建议大家针对每种类型,最好查阅以往的相关材料,学习观摩一下。比如,可以在网上查看类似的材料,那些权威的媒体记者是如何写的。关于活动总结,学校、学院每年都有各种总结汇报,看看去年获奖的师兄师姐是如何汇报的、材料是如何写的。

调查组调查，摄像组摄像，宣传组写新闻，在小队成员的共同努力下，这天的新闻被报道在中国农业大学农学院的新闻动态上。

调研结束，队员就地坐下开始整理并输入数据。

这是队员还是一只黑猫？你猜对啦，这当然是队员啦，调研回来，队员便蹲坐在台阶上，认真整理贫困高中生的资料。

38.如何做好支教?

到村里,与孩子们交流是非常重要的活动内容,毕竟孩子们都是祖国的未来啊!如果我们大学生能够给他们带来一些什么,只要有一点点东西打动他们,感动他们,在他们小小心里埋下一颗种子,长大后,他们将会成为对祖国有用的人才。

这方面的活动可以多种多样,灵活自由,只需把握一条原则:传递正能量!

活动形式可以有:给孩子们讲课;一起看书、给孩子们念书;给孩子们放电影,一起分享;和孩子们一起做游戏;教孩子们拍照……

陈老师自掏腰包给孩子们购买的青少年读物书籍，希望孩子们多读书，读好书，打开思路，好好学习，多了解外面的世界，将来成为对社会有用的人才，将来带动村里致富。

陈老师给孩子们朗读故事书，声情并茂+手舞足蹈，完全把孩子们“笑翻了”……

队员与“想哥”PK 乒乓球。

队员为小朋友们讲故事，带大家进入童话王国。

小队组织孩子们看电影《奇幻森林》并展开有奖竞答活动。

课间休息，“想哥”纵身一跃，只想道一句：“想哥”，你真会抢镜头啊！

39.长夜漫漫，如何度过?

什么？还有长夜？白天累成狗，还有时间过长夜？当然是睡觉了！累，是很正常的，也是社会实践天天伴随着你的。但是，这种累只是身体上的累。只要你脑子里一直在深度思考，其实连累的时间都没有的。有时候想，咱的累跟村里面下地的老乡比，还差得远呢。首先，要保持好美好形象，即使是累，也尽量不要在村民面前表达出来。

其实，村里的夜生活有时候还是很丰富的，有些村庄还有广场舞，也有纳凉场(吃完晚饭，找个凉快的地方聚在一起拉拉家常，这是农村信息交流、感情交流的重要方式)，我们吃完晚饭最好在村里逛逛，遇到类似场合最好适当参与一下，有时候还会遇到白天调研时候认识的老乡，进一步增加交流。有时候，也会遇到明天要调研的好对象。当然，也不一定要全程参与，差不多半小时到一小时就可以回到驻地，最好每天都要召开例会，例会差不多十来分钟，就可以自由活动了，给需要“煲电话粥”的同学留点时间，也可以洗洗睡吧！这样度过长夜，保证你美美地睡到流口水！

吃完晚饭，到村里文化广场与大家一起跳跳广场舞，看队员“崔大妈”对舞蹈还是不熟啊，哈哈！但是，至少与村民混熟了！

陈老师在广场舞旁边另开专场，这帮男孩子围在陈老师周围闹腾。看，陈老师是男孩帮帮主，与村里的小孩们玩得正 high，满头大汗！

40.为什么每天要开例会?

每天主要调研任务结束后,在晚饭前或者晚饭后,花上一两个小时交流是非常必要的。回到学校后,再想这样天天“腻”在一起的机会就不多了。例会最重要的是交流一天的调研收获、感想,进一步调整完善计划、改进调研方法等。

吃完晚饭,遛遛弯、跳完广场舞之后,回到驻地,找个室外空旷的地方,席地而坐(躺着、趴着也行,随便啦,反正都是臭臭的),队长主持引导大家的交流。

每个队员在交流过程中,一定要积极发言,及时记录,吸收其他队员的观点和认识。比如,白天大家一起到地里看同一块地的作物种植情况,不同的人有不同的认识,汇总大家的意见后,你对这种作物种植的了解会更加全面。有时候入户调研是分组的,今天你调研的几家农户的情况是怎么样的,给大家说说,其他同学调研的农户也给大家分享，这样就可以有个对比，共同提高大家对整体的认识。

入户问卷调查结束较早，利用吃晚饭前（都是晚上 7 点晚饭）的一个小时，队长赵天晨召集大家及时开例会，交流第一天的收获与问题。

到达上关村的第一天，队员随地就座，一起开会，队长再次强调调研时的注意事项，陈老师对一些关键问题做了重点补充。

41.如何及时报道宣传?

花了学校、学院的“钱”出去社会实践,总是要交点“作业”的,不然钱花了一点“声音”都没有,谁知道你是否真的去上课了。因此,现在网络条件比较方便,在外出实践期间,最好能够写一些新闻及时发给学校、学院的团委新闻部报道宣传一下。那么,如何及时报道呢?

第一,新闻要真实,绝对不能编造。所写的人物、事件一定是真实。第二,要突出重点,写新闻不能像写日记一样,记流水账,一定要重点突出,图文并茂。第三,要及时整理。在调研的过程中,要及时发现“亮点”或者是令你们感动、感兴趣的人和事,脑子里面提前构思,有意识的搜集素材,等晚上回到住处及时撰写,然后小组讨论完善后即可上交。

大家写专题报道一定要动动脑筋,查看专业的记者是如何调研、如何写新闻报道的。据了解,一般的套路是:抓典型案例、典型人物,再由小到大,通过具体案例或具体任务，拓展到整县情况、整个产业情况……

每天晚上，小队队员都会在开完例会后，埋头苦干，核对白天的农户问卷调查表，以便发现不足第二天可以去补充；新闻报道组的同学努力码字、积极挑图，一般都要干到12点左右，成稿后队长还要一个字一个字地琢磨，最终定稿。到睡觉时往往都凌晨一两点了。

晚上屋子里闷热，没有空调，没有电风扇，队员们是怎么整理资料的呢？队员崔吉晓和白冰搬出电脑，坐在院子的台阶上疯写、疯改当天的新闻。

明亮的路灯下，晚风习习，队员搬出桌椅，认真商讨白天问卷调查的内容。

42.我怎么感觉帮不上忙?

“老师,我们去了之后感觉什么忙都帮不上啊,老百姓一问三不知的,感觉自己好没用啊！人家地方认为我们也就是‘看看而已,起不了什么作用’。”这是社会实践过程中许多同学都有的挫败感!

其实,这种情况是客观存在的,但是请同学们不要灰心,而是要更有信心。要正确、客观、辩证地看待这个问题。

第一,从我们自己的角度,我们出去社会实践,其根本目的还是学习锻炼,这是我们的一门无字的必修课,只要我们用心去体会、用脑去思考,有收获就是好的。哪怕收获的是“我们什么忙都帮不上”这样的结论,也是一种收获。我们知道了自己的不足,回来后更加努力学习,丰富我们的知识和技能,努力使自己毕业后能够帮上忙。

第二,从地方需求的角度,很多时候农村地区问题涉及方方面面,而我们每个人的专业又相对单一，搞农业的不懂工业，搞种植的不懂养殖，搞栽培的不懂植保……各种情况都有。遇到问题我们要客观面对，可以告诉老乡，这个问题由于专业限制我没有学到，但是我会记录下来，回到学校后请教相关专业的老师，再给您答复（这种情况一定要真的有反馈，不能忽悠人）。

第三，从综合实际的角度，即使我们对于农村地区的问题都能懂，都能提出解决方案，但是这个方案如何实施？又是一个难题。农村地区目前最缺的，一是智力（人才），二是资金。我们能够做最多就是贡献智力，提出科学解决方案，但是方案的落实是需要资金的，也需要具体去干的人。这又是我们解决不了的。所以，我们可以做的事情就是通过项目设计，努力帮他们寻找资金的来源渠道，或者通过政策建议，提供给上一级政府部门去落实实施。

以上三幅截图是来自李想妈妈和小队的微信群，谁说小队什么忙都帮不上？队员们也是有魅力的，可以影响到村里的小孩子们，可以帮上关村宣传，这也是一种帮忙。

根据调研情况发现，村里留下很多空巢老人，因此小队集体想出一个活动——和调研户拍合照和全家福，回到北京将照片洗出来寄给他们。当队员提出这个要求时，他们很是开心，洋溢着幸福的笑容。在此，也希望大家常回家看看，陪陪家人，陪父母说说心里话……

43. “路见不平”怎么办?

在这次实践过程中,学院另外一个小分队的队长在其他村调研时给我发来微信咨询问题,以下就是对话实录。

学生:陈老师,我们在调研时,遇到这样的情况:发现在走访农户时,很多农户反应,村书记,会计等官员腐败,占用公共用地,书记的父亲欺行霸市,打架斗殴,还存在买官卖官现象,连政府开展的异地搬迁项目都在施工中偷工减料,以次充好,从中捞钱,村民都是敢怒不敢言。这种情况,我们应该怎么处理和村民,村干部关系。

老陈:这种事情我们是解决不了的,不少村庄存在这样的问题,我们只能是了解情况。你们与村民聊的时候主要是感情安慰了,告诉他们我们不会把他反映的情况让村干部知道,我们可以向上反映。与村干部座谈时你们也可以拐弯的问,村民对这个干部认可吗?是否大家都支持他的工作,看看村干部如何说?

学生:嗯嗯,村干部在访谈时表现出来的是他们想方设法为百姓谋福,有些百姓胡搅蛮缠,不支持工作。

老陈:嗯,双方各有说法,你们可以通过多了解,甄别事情真相。确实也有一些村民是不管你怎么做,做啥都不满意。

学生:好的,陈老师,我们会在不打扰当地正常生活的前提下,尽可能客观了解情况。

老陈:注意深入问,比如村干部说想方设法,那你就问他想了什么法?实施了吗?有效果吗?如果他说有,那你就说那带我们去看看?

学生:好的好的,确实是我们听他说做了这个工程,那个项目,但到了百姓口中,却都知之甚少未见实效。确实应该在他说各个项目时落实调查。

老陈:他们说什么,都尽量能够到实地现场看看。

学生:嗯嗯!

44.实践结束后还需要做什么?

虽然去实践的时间很短暂,但是回来不等于结束,还有许多工作要进一步推进。若事情就这么"了"了,虽然对自己有了交代,但对我们实践地的村民来说,如果回到学校我们不做点什么,或没有任何反馈的话,估计以后我们或者我们的师弟师妹们再去就不容易了。村民们就会认为我们干不成什么,也就不指望了。

首先,对于"自己",回来后要做好以下工作:

- 活动总结(工作层面)
- 个人收获总结
- 专业总结(技术报告)
- 成果宣传。

其次,对于村民,回来后要做好以下工作。

(1)技术解决:根据在调研过程中,村民提出的技术需求,回来后,要积极寻求学校、学院的相关专业老师的帮助,提供技术帮助;可以整理一些技术资料、也可以购买一些技术书籍或影视资源邮寄给村民，如果有必要，也可以邀请专家再去现场指导。

（2）政策建议：调研过程中发现的问题，而这些问题不是村一级能够解决的，也不是我们学生能够解决的，需要国家或地方政府层面上制定更加合理的、有针对性政策去从制度上解决，关于这方面的问题就需要我们带着问题回来，通过进一步学习、查阅分析资料、请教专家，给国家和地方的各有关部门提出有效的政策建议，供决策参考。

（3）项目策划：在调研过程中，同学们可能经常会提出这样那样的好想法，或者也会在村里面了解到还是有很多村民愿意“干事”，然而普遍的问题都是“有想法、没钱”。因此，需要同学们回来后，针对性的设计一些项目，就像写创业或商业计划书一样，设计出好的项目方案，通过学校和老师帮助，吸引有钱人投资建设。

（4）协助宣传：对于村里的好资源、好产品，可以通过同学们的“朋友圈”，发挥你们的特长，积极为村里做广告，让资源变成资本，好产品卖出好价格。

六、实践后总结

45.如何整理出技术帮助方案？

在实践过程中，我们经常会遇到农户咨询一些生产问题，我们很多时候由于专业背景不对路等因素，一时难以解答。即使能够解答也仅仅局限于当时存在的问题，而对于农业生产过程往往整个生育期都需要技术帮助。鉴于以上原因，为了提供完整、系统的帮助，我们回校后需要进一步深入整理一些技术方案。比如，水稻高产高效技术手册、肉羊养殖技术手册，等等。

在整理过程中，需要注意以下几个问题。

第一，资料来源。可以通过学校图书馆、学术期刊数据库，查找相关的技术专著和论文；也可以通过学校的相关专业的老师，寻求一些技术资料的援助，尤其是一些技术视频资料。

第二，简单明了。大家要注意，这是要给老百姓看的，一定要通俗易懂，不能整理出一本专著。最好发挥同学们的特长，能画图说明的尽量画图表达，就像有人手绘明白纸教年迈的父母如何使用微信（大家应该看过吧）之类的。老百姓一看就懂。

Tips：（1）整理完，先让非专业的同学看看，问问他们看完后是否能够自己去种、去养？如果他们会了，估计就差不多了；（2）请专业老师把握其科学性。

完成之后，打印装订，给当地老百姓邮寄过去。如果你们设计得好，甚至还可以考虑出版哦！

46.为什么大学生毕业后都回不去农村?

在实践过程中,我们会发现目前农村普遍的现状是:村里多数都是妇女、老人、小孩、病人、残疾人,也就是学术界常说的“386199”部队。青壮年基本出去打工或者出去就不回来了。这是未来中国农业、农村发展不可回避的问题,未来谁来种地?乡村是否会消亡了?……这是值得大家思考的问题,也是未来必须解决的问题。

城市对农村的“虹吸现象”目前依然存在。从我们的求学历程就可以看出,随着我们,考入大学,进城后伴随着我们的就是背后来自农村的“辛苦钱”和人力(我们也很少回去了),与此同时,没有上学的农村青壮年也进城务工贡献劳力了。我们能不能回去?怎么回去?这是值得每个人思索的问题。

在实践中,经常有同学提出“应该发展什么?”“应该这样做?”提出的许多想法都是不错的。但是我们仅仅是提出,如何落实?谁来落实?因此,我在实践中给同学们提出一个反问:你们能来落实吗? 怎么样你们才能回来落实?

给大家举一个例子。实践中有同学提出:发展乡村旅游。我说:这个想法不错,但是,依靠村里去设计、去发展是很难的,一方面他们不清楚旅游消费者的需求,什么样的设计才能吸引人来。你们作为在城市的大学生、未来的消费者,你们能够从消费者的角度,给村里设计一个能够吸引人的方案? 设计好了,没钱建设怎么办? 靠村里去拉投资也很难。你们能够拿着你们的方案,去拉来投资? 如果你们的方案能够感动那些有钱人,甚至你也许就成为了这个项目的经理人,这样你不仅解决了就业问题,而且是领着城里的大公司的工资,工作是在村里,把你的智力和公司的资本带入乡村,同时又为成立的公司创造价值,真正做到双赢,你们能做到吗?

如果是这样的话,或许我们就能回去了,这个问题需要大家继续探索……

47.如何写好实践总结?

实践结束后,写实践总结报告是正常的、必需的事情。写完文字性的报告,还要准备一份汇报的 PPT 文稿。在整理实践总结时候,要注意以下几点:

- 图文并茂,有事实、有收获、有感想。
- 语言丰富,有日记语言,媒体语言,文学语言,科学语言。
- 归纳整理,报告要突出重点,不要记流水账,要分条理,有逻辑层次。

Tips:前面让大家注意保留工作记录的目的是为了后期整理汇报使用。假如你们的汇报能够这样说:“虽然我们去了只是 7 天,但是我们为此事前期和后期累计花了 70 天;前期电话联系了 25 次,累计通话时间 1000 分钟;为了查阅资料,下载查阅了 580 篇文献,看了 25 本书;深入访谈了 80 名贫困户,累计座谈实践 210 小时;走了 1000 公里的山路,小组累计走了 20 万步(微信运动统计),发布了

7 篇新闻报道，写出了 50000 字的实践报告……”如果是这样的实践总结汇报，不感动人都难啊！但要真实，要有原始数据可查！

回到前面说的“一种可能变成 N 种可能”，这也是可以的。通过上面的总结锻炼，是锻炼大家以后细心的能力。想想将来如果你们的毕业论文答辩能够说：“我研究生这几年，看了多少文献，下了多少天的地，测了多少数据，流了多少毫升的汗水……”评委老师也会感动的。

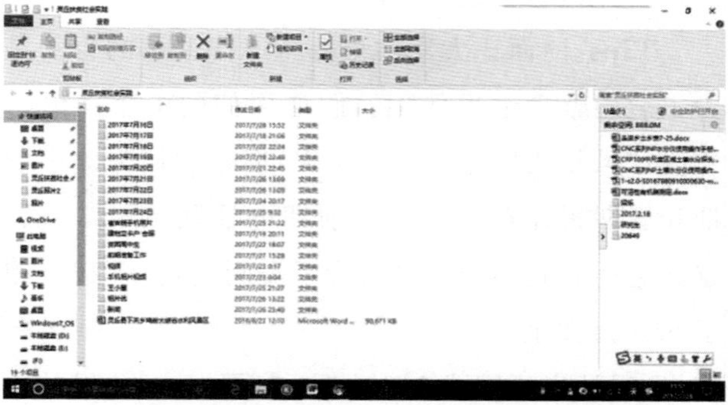

截图是队员实践期间整理的照片、录像、录音

等资料，分日期进行整理，自己清楚每一天都做了哪些事情，第二天要做哪些事情，哪些事情完成了，哪些事情有待改进。

48.如何写出有“深度”的专题研究报告?

这里所说的研究报告,就是带有研究性质的报告,是基于实地调查发现的问题和挖掘的好案例。进行科学性总结整理,通过理论分析和实际案例分析,从个案总结提炼出具有参考借鉴价值的结论。大家都是大学生,一定要在这方面锻炼一下。其实,就像是写你们的毕业设计论文、甚至研究生毕业论文。

那么,如何写好?可以参照以下几点建议。

第一,要做好素材搜集。故事、图片、数据等都要注意搜集,这就相当于我们做农业田间试验一样,要经常去取样测定数据,这是你写论文的原始数据。比如,你想写该村的水稻种植的现状分析与发展对策,就需要详细调研、记录水稻化肥、农药、种子、人力等投入数据;也要记录产量、价格等产出数据;同时还有记录生产中各种农事活动是如何操作的?流程是什么?问题是什么?

第二，要做好研究综述。这是我们做科学研究必备的方法，你要了解你写的主题目前的研究进展。比如，上面说的水稻种植，你要分析该村的现状，了解目前该区域水稻种植的研究进展情况，有哪些好的技术和经验，存在哪些问题和不足。再来对比分析本村的情况，你才能提出有用、有效的发展对策。

第三，要突出自己思考。在写法上，除了要"有数据、有证据"之外，重要是要"有思考"，要形成独立的思维逻辑分析能力。比如，针对某个问题，你要分析目前多数人的普通认识是怎么样的？社会媒体的认识又是怎么样的？在此基础上，提出我们自己通过理论与实践分析得出的认识，然后通过文献查阅分析、科学求证，最终提出有用的"解决之道"。

49.我们能否偷偷地去玩一下?

估计很多同学都有此“小心思”吧。好不容易出门一趟,找找当地的风景名胜,去看看也是可以理解的。但是,如果你是“花着公家的钱”出去实践,又玩的“没有水平”(就是普通的旅游,拍拍照片,看到美景偶尔“尖叫”几下,回来不仅啥也记不住,翻看照片才能想起来去过哪里),那么请你们在报销时主动扣除这部分旅游费用(自己负责)。但是,如果你们能“玩出水平”,我相信学校、学院还是有可能给你们报销的。这里的“玩出水平”就是要“玩出知识”“玩出受教育、受锻炼”。

用个不太恰当的比喻,搞农业的就是要学会“游山玩水、吃喝玩乐”!“游山玩水”指的是要对当地的地理、地形、地貌等自然资源、生态环境有个实际的感观认识,尤其是对于农村发展。不仅仅单纯依靠农业,乡村的自然景观以及民俗文化,也是乡村经济发展的重要资源。发展乡村旅游就需要去了解这些自然风光。“吃喝玩乐”主要指的是要去城里面了解市场的需求，了解城市人的消费偏好和饮食习惯，不要仅仅盯着村里那点地里的情况。因此，现代农业的发展已经不是自给自足的生产模式，农业发展更多的是要满足城里人对农产品消费的需求。尤其是未来城镇化率将高达70%以上，必须了解市场和“消费者”的需求。只有这样才能更好地谋划村里的地里种什么，养什么？

此外，如果去的地方还有“红色教育”的功能，还可以与党建、团建活动结合起来，去一趟受一次教育。

那么，如何体现“玩出水平”呢？问问你，假如出去玩一趟，能够写出一个“××村旅游攻略”，通过宣传“吸引”城里人去旅游呢？到城里“吃一顿”，能否写出“基于城市消费需求的××农业发展建议报告”？到某个纪念馆参观，能否写个“思想汇报”给组织呢？……

2017年7月16日上午，我们从北京到灵丘县城之后，直达“平型关大捷纪念馆”，接受“红色革命”教育，纪念中国共产党建军90周年、平型关大捷80周年。陈老师为大家讲述了中国人民解放军

建军的历史以及平型关大捷的情况，勉励同学们铭记历史，坚定自己的理想信念，积极投身于祖国扶贫攻坚的一线，争做一名合格的社会主义建设者和可靠接班人，并带领全体党员重温了入党誓词。

2017 年 7 月 21 日下午，上关村村主任驱车 14 公里带领我们小队赴下关乡杨庄村，参观白求恩特种外科医院旧址，重温了白求恩同志“毫不利己、专门利人、热忱负责、精益求精”的国际共产主义精神。

2017年7月23日中午，经过7天的实践，队员们从上关村回到了灵丘县汽车站，准备搭乘大巴回北京。乘车前陈老师专门带领队员们到县城“逛街、购物”。在一家“农特产体验店”，队员们购买了“苦荞茶”等特色商品，并了解了店里的其他特色产品和经营情况。陈老师告诉同学们，“这就是你们要思考的地方，到了村里看到的好产品，你们回北京，如果也创立品牌，如何帮助乡亲们把产品卖出好价格？”这很值得大家思考。

50.老师，我们还有其他问题怎么办？

这问题最好办，拿出手机，扫我微信，随时尽力回答你们的问题！

此外，也可以添加微信公众号“走进乡土乡村”，本书的主要内容以及后续的补充将会在此发布。